Fahre die Muster nach.

Fahre die Muster in verschiedenen Farben nach.

e e e

l l l

e

l

el

le

Sprich die Namen der Tiere deutlich. Was hörst du am Ende? Schreibe *el* oder *le* neben das Tier.

 el

 le

e e l l

Fahre die Schwünge in verschiedenen Farben nach.

i i i

u u u

t t t

i i

u u

t t

Schreibe den richtigen Buchstaben neben das Bild: *i* oder *u*.

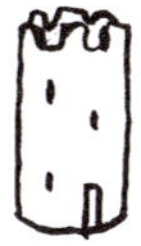

tut

i *i* u *u* t *t*

Zeichne die Schuppen in den Fisch.

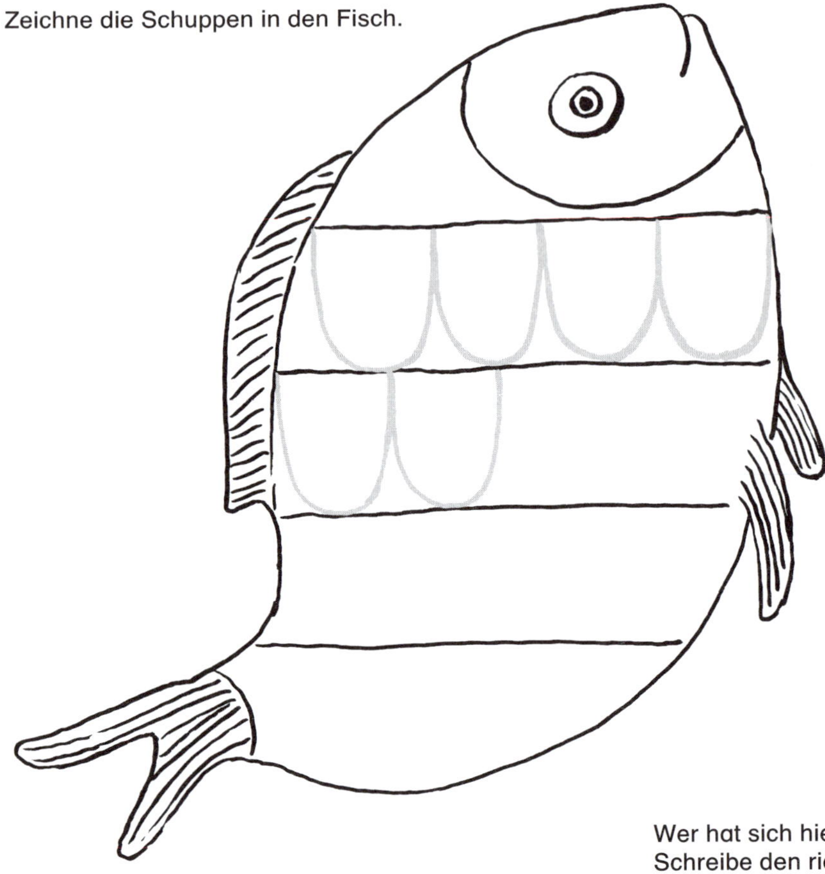

U U

U U

Wer hat sich hier versteckt? Schreibe den richtigen Namen auf.

Uli

Ute

U u

Fahre die Muster in verschiedenen Farben nach.

N

M

Schreibe den richtigen Anfangsbuchstaben neben die Bilder.

Schreibe nach und übe *Mutti*.

M Mu Mutt Mutti

N *N* M *M*

eilt *teilt*

eilt

teilt

Schreibe auf, wer *eilt* und wer *teilt*.

Ute

Uli

Mutti

Fahre die Muster in verschiedenen Farben nach.

1 2 *n* *n* *n*

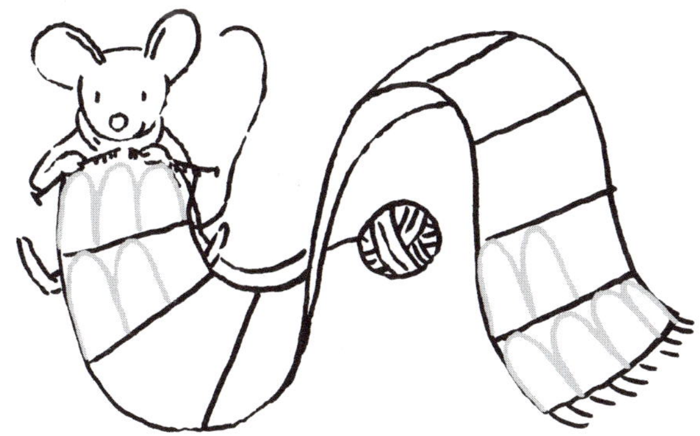

1 2 3 *m* *m* *m*

n *n*

m *m*

nn *nn* *mm* *mm*

Schreibe *mein* oder *meine* vor die Bilder. *mein* *meine*

mein  *meine*  

n *n* m *m*

im

mit

Male den Ball in die Bilder. Schreibe *im*.

im

Schreibe *mit* und zeichne Bilder.

Wer mit wem?

mit

Schreibe *ein* oder *eine* vor die Bilder. *ein* *eine*

ein

Fahre die Muster in verschiedenen Farben nach.

a a a

d d d

a a

d d

da

du

am

alle

a *a* d *d*

O o o

O o

o o

Oma

Otto

Ergänze die Sätze. Schreibe Malgeschichten auf.

Oma malt ein

Otto

O O o o

Fahre die Muster in verschiedenen Farben nach.

Zeichne die Spur mit verschiedenen Farben nach.
Achte auf die Haltepunkte.

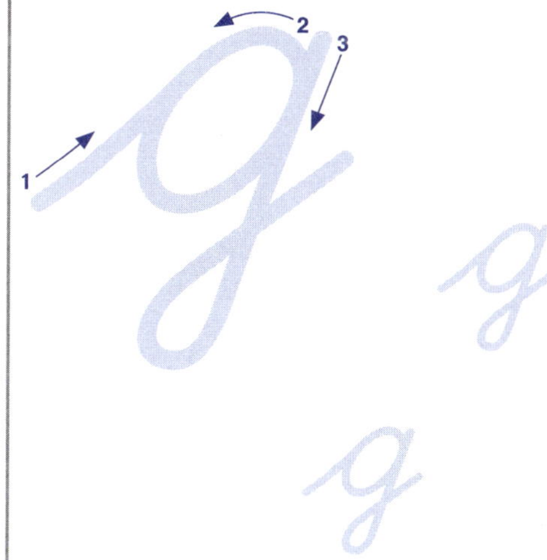

g *g*

gut

Schreibe *gut*. Zeichne, was dir gut schmeckt.

gut

g *g*

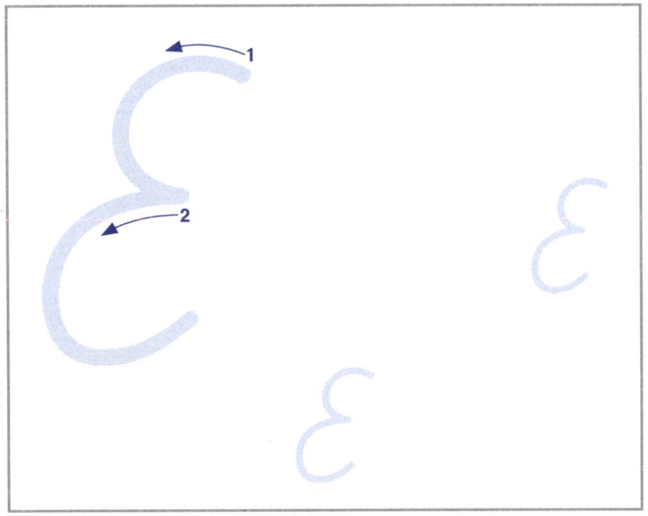

E

Ei

Ente

Schreibe und male das passende Bild.

Elli malt eine Ente.

Emil malt eine Eule.

E E

Fahre die Muster in verschiedenen Farben nach.

Fahre die Muster nach.

r

r r

er

re

Was kann Paul? Bilde Sätze.

Er reitet einen

lernt am

turnt an einer

rollt mit einem

Schreibe je eine Zeile.

rot

rennen

turnen

reden

rollen

lernen

r r

Fahre die Dachziegel nach.

W w w

w w w

W W

w w

Wald

Weg

Erfinde Fragen zum Bild.

wer

wo

wie

wann

warum

W W w w

Fahre die Spur mit verschiedenen Farben nach.

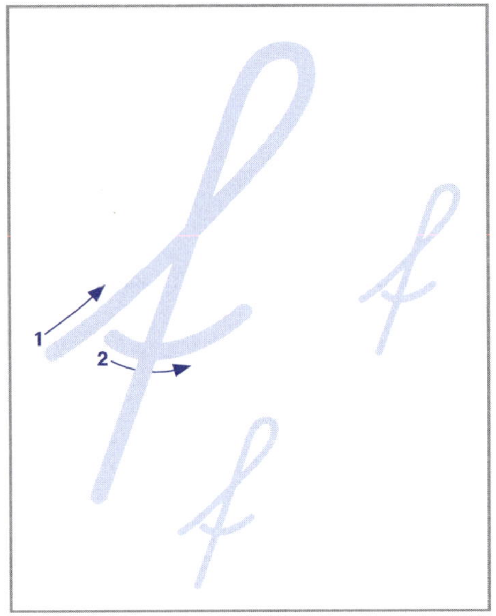

f

fe

fa

fr

Schreibe zu jedem Bild das passende Wort. elf tief fein fertig faul fünf

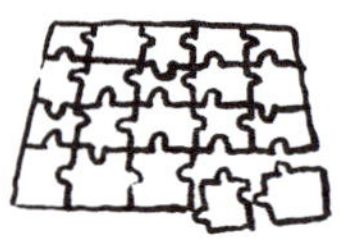

11

Schreibe die Sätze auf.

Mimi findet fünf Eier.

Mimi liegt faul am Meer.

Mimi mag feine Nudeln.

f f

h h h

Male alles mit *ch* im Bild an.

ch ch ch

h h

ch ch

ich

acht

Schreibe zu jedem Bild, ob du das Tier magst oder nicht magst. *ich mag dich* *ich mag dich nicht*

h *h* ch *ch*

k k

ck ck

Schreibe neben die Wörter das Gegenteil.

kalt klein krank dick

warm		groß	
dünn		gesund	

Trenne die Wörter mit Strichen.

Schreibe die Wörter aus der Schlange richtig auf.

k *k* ck *ck*

Male an.

b b

bitte

bunt

oben

Verbinde und bilde Sätze. Schreibe sie auf.

Oma	bemalt	Mara.
Mimi	badet	ein Ei.
Mama	lobt	gerne.

b b

Sind es *vier* oder *viele* Vögel?
Beschrifte die Bilder richtig.

viele vier Vögel

Verbinde mit *ver-* oder *vor-*.

tragen lieren raten turnen

ver

vor

V *V* v *v*

Fahre die Muster in verschiedenen Farben nach.

P P

p p

Papa

Puppe

Schreibe die Reimwörter auf.

Seife 

Beil 

Tanne 

Herd 

Verbinde jedes Wort mit dem passenden Bild.

 Puppe

 Paket

 Pirat

 Palme

 Schreibe die Wörter auf.

P P p p

ß ß

ß ß

weiß

heiß

groß

Schreibe das passende Wort zum Bild.

weiß heiß groß

Schreibe die Gegensätze auf.

schwarz

kalt

klein

ß ß

B B B

R R R

B B

Ball

Baum

R R

Regen

Roller

Verbinde die Wörter und bilde Sätze.

Mimi

reitet
baut
ruft
rollt

mit einem Roller.
eine Burg.
rundherum.
Raupe Rudi.

Schreibe einen Satz auf.

Schreibe die Wörter auf. Brief Buch Rock Rücken Ritter Bett

B B R R

Male alles mit A an.

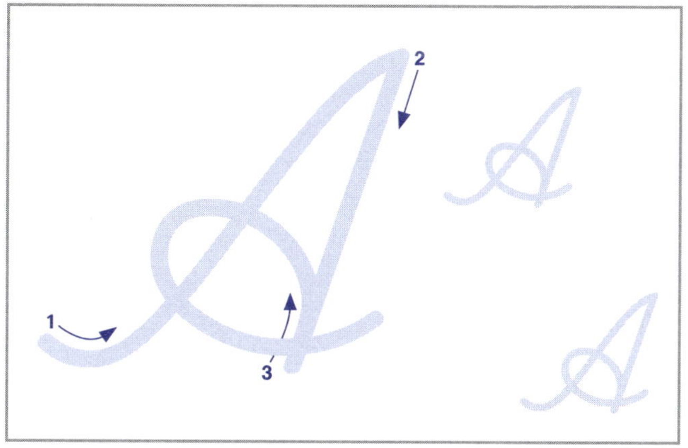

A A

Affe

Apfel

Schreibe zu jedem Bild das passende Wort.

Auge Anna Angel Anton Adler Auto

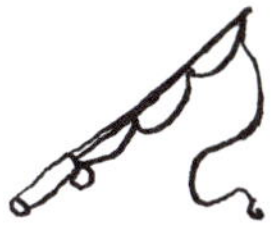

A A

Fahre die Muster in verschiedenen Farben nach.

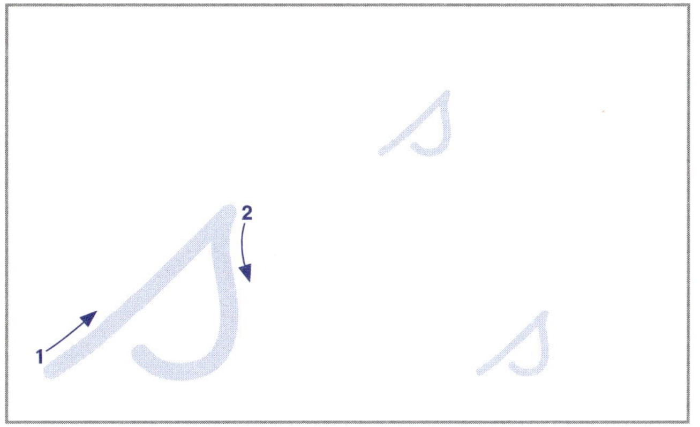

Schreibe zu jedem Bild das passende Wort.

essen Sonne lesen Spiel

Schreibe die Sätze auf.

Mimi mag Salat.
Susi mag Salami.

Sissi mag Ananas.
Was mag Simon?

S S s s

L L L

D D D

L

D

Licht

Dose

Lampe

Dach

Schreibe zu jedem Bild das passende Wort.

Dusche Drachen Domino Delfin Dach Dose

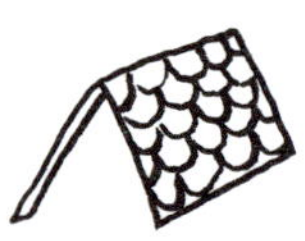

L L D D

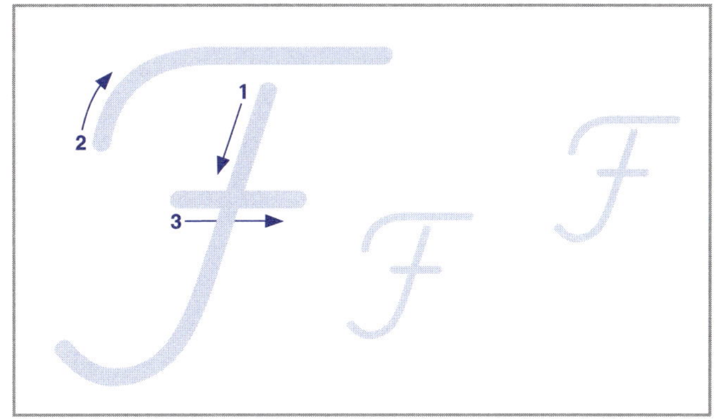

Schreibe die Reimwörter untereinander.

Fisch

Foto

Tee

Flasche

Tasche

Tisch

Fee

Toto

Schreibe die Sätze auf.

Mimi filmt Flori.
Flori ist Mimis Freund.
Flori hat ein Foto von Mimi.
Flori freut sich.

T T   F F

I I

J J

Igel

Insel

Juni

Juli

Verbinde und schreibe auf.

Indianer

Insel

Igel

Iglu

Jacke

Junge

Jäger

Jo-Jo

I I | J J

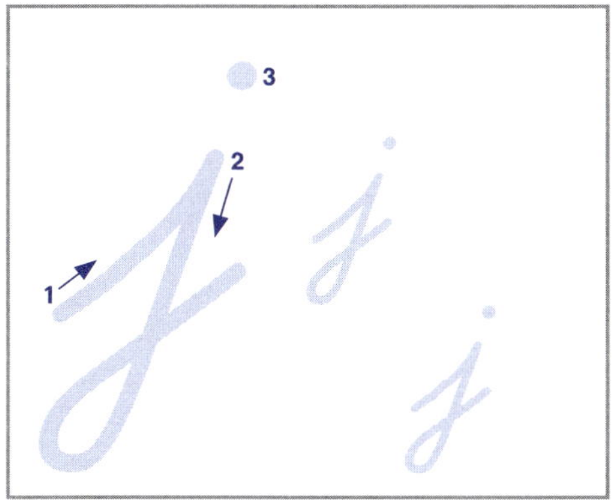

j j

Y Y

y y

ja

Beantworte die Frage mit *ja* oder *nein*.

Bleibst du gerne lange auf?

Isst du gerne Schokolade?

Bist du wasserscheu?

Träumst du oft?

Magst du Tiere?

Schreibe zu jedem Bild das passende Wort.

Teddy Pony Baby Party Memory

j j	Y Y y y

H H

Schreibe das Lösungswort auf.

Hummel Hund Hand Hose Himmel Hase

Wer kann bellen?

Sie hat fünf Finger.

Dort leuchten die Sterne.

Es fliegt und brummt.

Welches Tier isst mit Löffeln?

Es hat zwei Beine und kann nicht laufen.

Setze H ein und schreibe die Wörter auf.
Ein Wort passt nicht in die Reihe. Streiche es durch.

•aus •emd •elm •amster •aby •erd •ose

H H

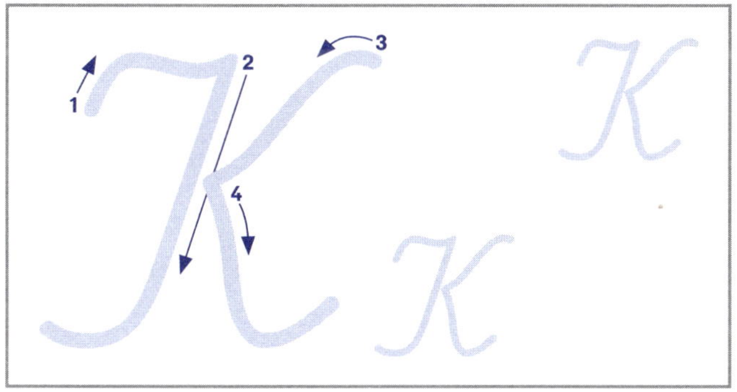

Was können kleine Kinder? Schreibe auf.

Kleine Kinder können

Kerne
Kaugummi
Kekse

knabbern.
knacken.
kauen.

Schreibe zu jedem Bild das passende Wort.

Mixer Nixe Axt Taxi Xylofon Boxer

K K | X X | x x

Z Z Z

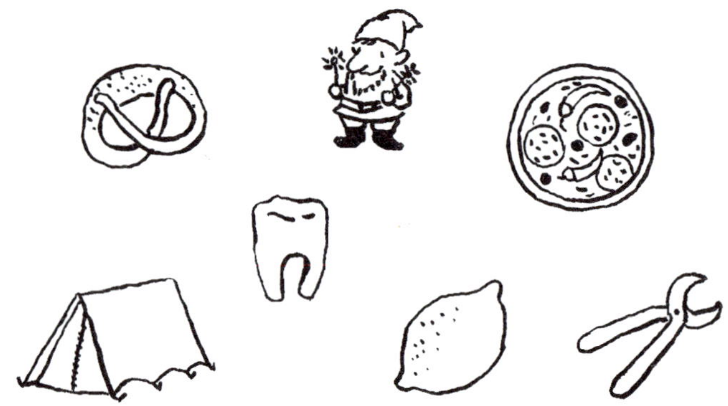

z z Z

Z Z

z z

tz tz

zw

ze

nz

Herz

Zahn

Blitz

Schreibe das passende Reimwort auf. Zahn Zwerg Spitze Schmerz Wiege Satz

Hitze		Berg		Hahn	
Platz		Herz		Ziege	

Zeichne eine Tabelle. Schreibe die Wörter in die Tabelle.
Sammle weitere Wörter.

Blitz Witz Ziege Zwerg Spitze Tanz März Schatz Zeitung Platz

Zz	tz
Kerze	Katze

Z Z z z

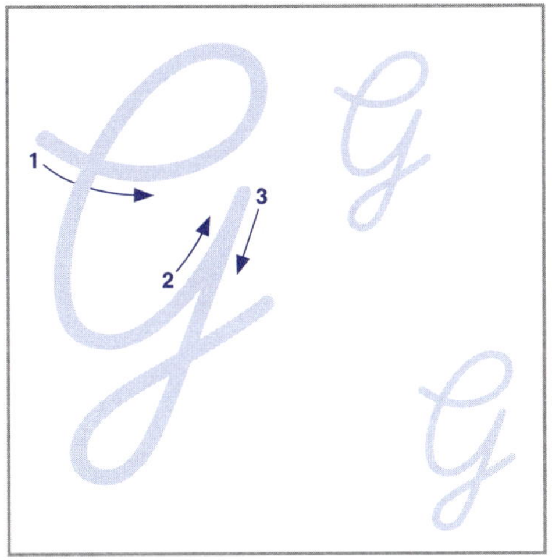

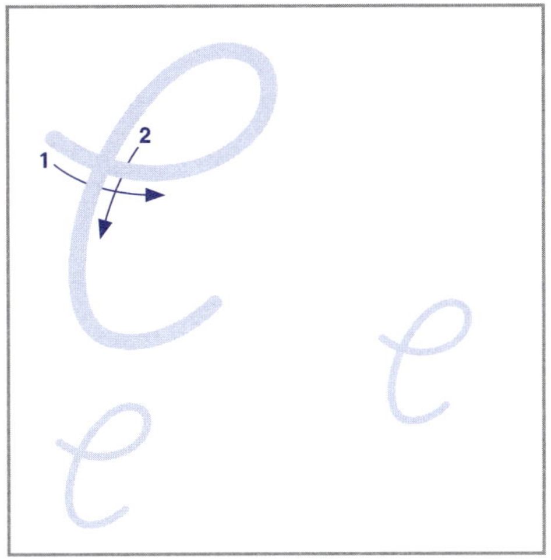

C C

Comic

G G

Gabel

Geist

Geschenk

Cent

Computer

Welches Märchen kennst du? Schreibe die Titel auf.
Male ein Bild zu deinem Lieblingsmärchen.

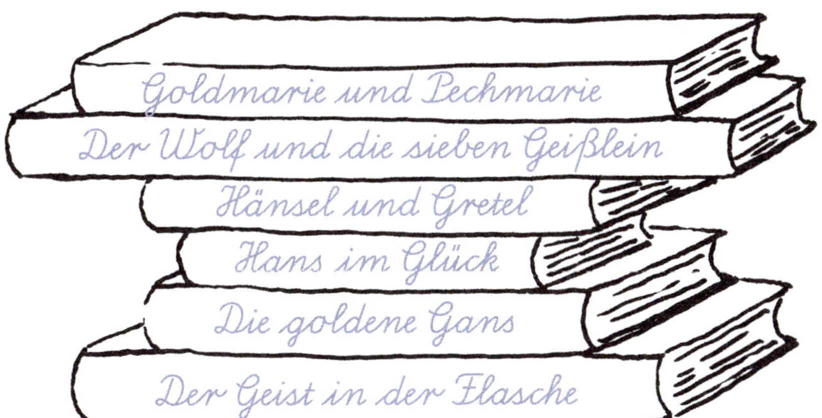

G G C C

Qu Qu Qu

Qu Qu

Quiz

qu qu qu

qu qu

quer

Schreibe zu jedem Bild
das passende Wort.

Quadrat Quartett Quark Qualle

Wer macht was?
Bilde Sätze.

 quieken

 quengeln

 quietschen

 quatschen

 quaken

 qualmen

 Schreibe deine Sätze auf.

Qu Qu qu qu

ab S. 15

Schreibe den Text auf.

Malen

Uli malt Oma mit Mimi.
Oma malt Mimi mit Otto.
Mama und Otto malen
einen Mond.

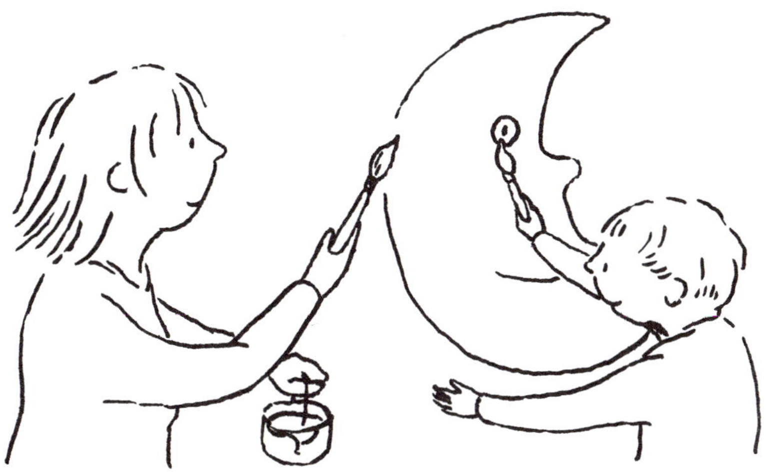

ab S. 21

Schreibe den Text auf.

Wer wandert mit?

Wir wandern einen langen Weg
im Wald.
Emil will mit.
Egon will mit.
Und Mimi?
Mimi liegt müde im Wald.

ab S. 26

Schreibe den Text auf.

Viele bunte Vögel

Oma hat einen blauen Vogel.
Eva hat drei grüne Vögel.
Vera bekommt einen gelben Vogel
von Vati.
Alle Vögel fliegen rundherum.

ab S. 30

Schreibe den Text auf.

Ein bunter Brief

Rudi radelt mit einem tollen Rad.
Papa wartet auf der Bank.
Rudi findet einen bunten Brief.
Er bringt ihn Papa.

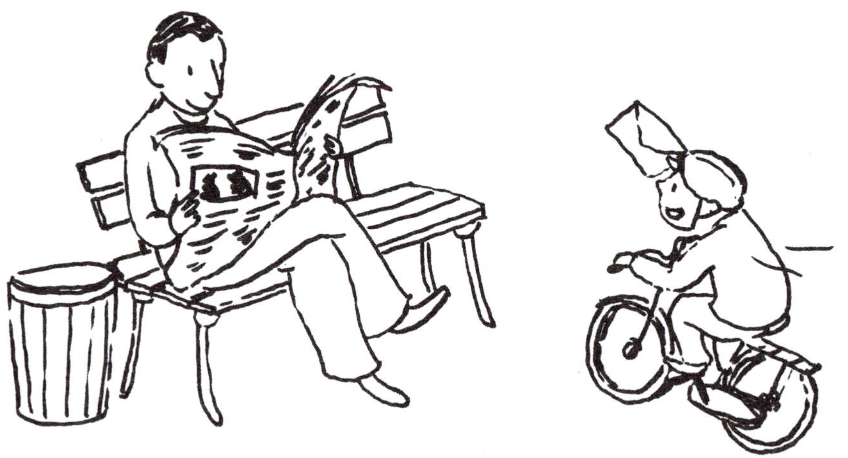

ab S. 34

Schreibe den Text auf.

Am Wasser

Die Sonne scheint hell.
Eva liest ein schönes Buch.
Lina und Maria planschen im Wasser.
Lina taucht unter. Maria taucht auch.
Lina und Maria schwimmen um
die Wette.
„Bravo, Lina!", ruft Eva.

ab S. 36

Schreibe den Text auf.

In der Schule

Ina und Jakob gehen in die Schule.
Dort wollen sie lesen, schreiben und
rechnen lernen.
Oft spielen sie auch und malen oder
singen fröhliche Lieder.
Das macht großen Spaß.

ab S. 36

Schreibe den Text auf.

In der Nacht

Es ist dunkel.
Timo liegt im Bett.
Er horcht.
Das Dach knarrt, es klopft gegen
das Fenster.
Schnell macht er das Licht an.
Es ist nichts.

ab S. 38

Schreibe den Text auf.

Am Nachmittag

Tom, Hannah und Mara spielen Fußball.
Tom ist im Tor.
Hannah rennt los und schießt.
Mara ruft: „Tor!"
Jetzt muss Hannah ins Tor.
Da kommt Jakob.
Er fragt: „Darf ich mitspielen?"

ab S. 40

Schreibe den Text auf.

Hexe Milli

Hexe Milli ist eine junge Hexe.
Sie kann noch nicht gut hexen.
Laut liest sie in ihrem Hexenbuch.
Milli hext sich Heu auf den Kopf,
lila Zähne in den Mund und
ihren Kater Henry verhext sie in
ein kleines Ferkel.
Oh, Milli!

ab S. 40

Schreibe den Text auf.

Moritz will verreisen

Moritz hat Schulferien.
Er und seine Eltern wollen verreisen.
Morgen soll es losgehen.
Moritz packt Kleidung, Spielsachen und
Bücher in seinen Koffer.
Auch sein Teddy und Leo Hase dürfen
nicht fehlen.

ab S. 41

Schreibe den Text auf.

Der kleine Hase Bobby

Sarah hat einen kleinen Hasen.
Sein Name ist Bobby.
Bobby rennt im Gras.
Sarah holt Futter.
Sie ruft nach Bobby.
Schnell kommt der Hase angehoppelt,
um sein Futter zu fressen.

ab S. 42

Schreibe den Text auf.

Zirkusbesuch

Der Zirkus ist in der Stadt.
Selim und seine Eltern besuchen
eine Vorstellung.
Drei Clowns machen Quatsch.
Ein Mädchen reitet auf einem Elefanten.
Artisten turnen am Trapez. Großartig!
Selim klatscht begeistert in die Hände.